그리움은또저 혼자밤을새고

초판 발행 2025년 4월
지은이 진광진
책임편집 오혜교
디자인 오혜교
펴낸곳 OHK
출판신고 2018년 11월 27일 제 2018-000084호
주소 경기도파주시 화동길 2192층
전화 1800-9386
이메일 soaprecord@gmail.com
홈페이지 www.r2publ1ik.com

ISBN 979-11-94050-14-8

이 책은 저작권법에 따라보호받는 저작물이므로무단전재와무단복제를금지하며,
이 책 내용의 전부또는 일부를 이용하려면 반드시 저작권자와OHK의
서면동의를 받아야 합니다.

그리움은 또 저 혼자
밤을 새고

그리움은
또
저 혼자
밤을 새고

지나간 시간의 조각들이
그리움으로 엮여
마음 한구석을 적신다.

진광진 지음

작가의 말

뒤늦게 시를 쓴다는 것

저는 시를 쓸 때 독자의 쉬운 이해를 가장 중요하게 생각합니다. 문학이나 글쓰기를 전공하지 않은 탓에, 시집을 읽을 때 여전히 어렵게 느껴질 때가 많습니다. 그래서 제 시는 독자가 읽는 순간, 자연스럽게 머릿속에 한 편의 풍경이 떠오르는 것을 목표로 합니다. 시를 통해 제 마음을 전달하고, 독자가 공감하며 같은 감정을 느끼기를 바랍니다.

목차

SIDE A — 사랑은 구름처럼 흐르고

구름
고양이와 소녀
파도
1월 11일
새벽의 꿈
밤새
잉크 & 번짐
깨진 기울
플러팅
새하얀 눈
세상은 참 살기 힘든것 같구려
진만선
고드름
옥수수 한 알
낡은외투속 호주머니
벗풀
출근길
퇴근길
사공의 노
손조심

여우비 속 소녀
클렌징폼
꽃신
무엇이든 이겨낼수있는 나무
입춘
눈 위
붕어빵의 온도
수선화 (1월)
제비꽃 (2월)
벚꽃 (3월)
무화과 (4월)
민들레 (5월)
자스민 (6월)
라벤더 (12월)

목차

REVERSE
잠깐 쉬어가세요.

목차

SIDE B 꽃잎에 새긴 기억

찰나	어른이었던 적
선	없다
문진 속 꽃	파편
침묵의 지나가리	맨홀
굴렁쇠	먼지
주름진 벽지	석쇠
심마니	재
봉제인형	곰팡이 핀 귤
화롯불	청춘
나비	신사와 어린아이
가습기	말
술잔	매듭의 침묵
향수	유리 장미
유리 바둑알	해바라기 (7월)
툭 뱉은 말	양귀비 (8월)
잉크	호랑이꽃 (9월)
새벽	금잔화 (10월)
포장	흰 동백 (11월)

SIDE A 사랑은 구름처럼 흐르고

구름
고양이와 소녀
파도
1월 11일
새벽의 꿈
밤새
잉크 & 번짐
깨진 거울
플러팅
새하얀 눈

구름

우리가 서 있는 지금,
고개를 높이 들어
어느 한곳을 바라보면
구름이 흘러가는 모습을 볼수있다.

구름이 어니로 가는지 알 수는 없지만
너와 나, 두 손 맞잡은
이 순간만큼은
굳이 보지 않아도 알 것 같다.

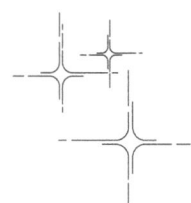

고양이와 소녀

작은 소녀의 손끝에서
고양이는 사라졌다.
어느 겨울, 흰 숨결에 녹아든
짧은 온기처럼.

그리움은 발소리도 없이
창문 틈새로 들이밀고,
소녀는 밤마다 그 순간을 꺼내 본다.
푸른 눈, 부드러운 털결,
그리고 사라지던 마지막의 침묵.

한순간의 사랑은
왜 이리 길게 남는가.
고양이는 돌아오지 않고,
소녀는 여전히 기다린다.

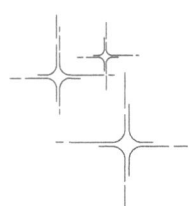

파도

파도처럼 밀려와,
파도처럼 사라져.

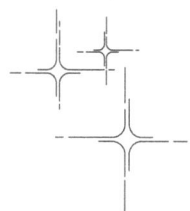

1월 11일

한 해를 지나,
다시 돌아온 1월 11일.
그 날의 공기는 아직 따스했지,
너와 나, 눈빛에 담긴 낯선 떨림이
우리의 첫 시간을 새기던 순간.

손끝에서 느껴졌던 온기와
머뭇거리던 말들 사이,
우리의 거리는
조심스레 좁혀졌었다.
"사랑해."
그 단어가 내 입술을 떠나
너의 미소 속에 자리 잡을 때,
우리는 얼마나 빛났던가.

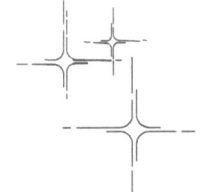

오늘은 회상의 날.
지나간 시간의 조각들이
그리움으로 엮여
마음 한구석을 적신다.
너는 지금 어디에 있을까.
우리의 지난날이
너에게도 남아 있을까.

재회를 꿈꾸며,
나는 다시 이 날을 기다린다.
너와 나,
그때처럼 단순하고 아름답게
서로를 마주할 수 있기를.
사랑은 여전히 여기에,
1월 11일처럼 변함없이.

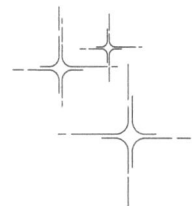

새벽의 꿈

먼 거리,
소녀의 숨결은 전파 너머로 흐른다.
늦은 새벽,
그리움은 음성에 실려
내 귓가를 간질인다.

"당신이 궁금해요"
그 말은 설렘의 나비가 되어
가슴속에서 날개를 편다.
두근거림은 멈추지 않고,
꿈과 현실의 경계가 흐려진다.

목소리는 끊겼지만,
그리움은 이어지고
나는 알 수 있다.
이 밤, 네가 내 안에
얼마나 깊이 스며 있는지.

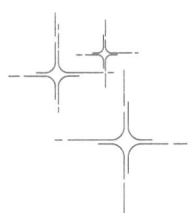

밤새

불쏘시개 같은 기다림,
불씨를 품은 채
애타는 마음은 어둠을 태우고.

두근거림은 숨결이 되어
서늘한 밤의 옷깃을 스친다.

뜨거운 설렘은 별빛 속에서
보고 싶은 너를 그리며
밤새 타오른다.

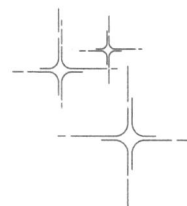

잉크&번짐

잉크 한 방울,
추억의 종이에 스며든다.
번짐은 회상이 되어
그리움으로 퍼져나가고,
나는 너를 물들인 흔적 속에 멈춘다.

고요함 속에서
소망은 흐릿한 선이 되어
너에게 닿으려 한다.
그 선 끝에,
너는 여전히 선명하다.

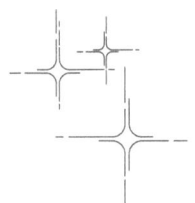

깨진 거울

빨간 손톱 끝에 맺힌
보라빛 정열의 잔상.
깨진 거울 속,
애틋한 사랑은
흩어진 조각마다 날카롭다.

순애의 얼굴은
거울 속에 번져가고,
자극적인 손길은
조각 틈새로 스며든다.

적극적으로 다가가려다
베이고 말았다.
사랑은 언제나
피와 빛으로 이루어진다.

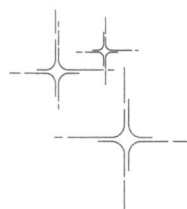

플러팅

외줄 위의 불꽃놀이,
설렘은 그 흔들림 속에서
야릇하게 선명해진다.

적극적인 시선의 교차,
이끌림은 오묘한 그림자를 남기며
경계를 넘나드는 불안한 춤을 춘다.

농염한 기류가 퍼지는 순간,
말끝마다 불꽃이 튀어
눈길은 다만 서로의 끝을 겨누고 있다.

이건 서늘한 뜨거움,
끝내 닿지 않는 불씨의 연극

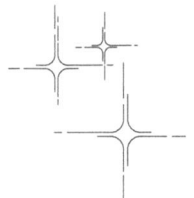

새햐안 눈

새하얀 눈이 소복이 쌓여 세상이 온통 하얗게 변할 때,
눈앞에 떨어지는 눈꽃송이.
그 아래, 마음에 스며드는 공허함과 우울감

소복이 쌓인 눈더미 위로
뜨거운 눈물 한 방울이 녹, 하고 떨어지면
차디찬 눈은 녹아내리고
따스한 온기가 잠시 스쳐 지나간다.

눈물은 어느새 멈추고
새하얀 눈은 다시 말없이, 끝없이 쌓여만 간다.

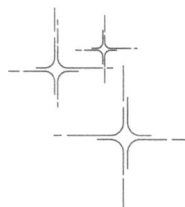

세상은 참 살기
힘든 것 같구려

사랑하는 사람의 미소 하나에
하루의 고된 삶을 잠시 묻는 밤,

사랑하는 이의 목소리를 품고
하루의 고된 끝자락을 붙잡으며
겨우 버팀목을 세워보지만,

계절이 바뀌어도 스며드는 우울함은
압박의 숨결로 가슴을 짓누르고
세상을 비관하는 입김만 더욱 깊어지는구려.

그러나 그대가 있어
이 궤도를 다시 한 번 돌아보는
짧은 숨의 희망이 어제와 오늘을 잇고 있소.

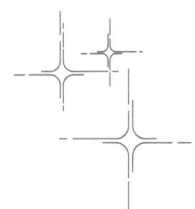

진만선

그는 한없이 다정한 사람,
늘 내게 웃음만 보여주던 사람.
옆자리에 나를 앉히고
"아이구 내새끼"라며
거칠고 투박한 손으로
나를 쓰다듬던 사람.

하얗고 짧은 수염으로
여린 내 볼을 어루만지며,
온기를 남겨주던 그 모습.
나는 아직도 잊지 못합니다.

바람이 살을 찢고,
모든 것이 얼어붙던 겨울,
차가운 세상 속
귤 하나 따뜻하게 까서
내 손에 쥐어주던 당신의 손.

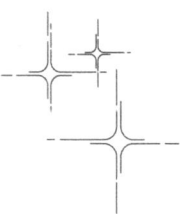

매미 소리 가득한 무더운 여름,
땀에 젖은 갈색 상의,
고무줄이 달린 곤색 바지.
낡은 경운기 뒤에 손자를 태우고,
주전부리를 주기 위해 달리던
작지만 넓은 당신의 등.

이따금 밤이 되면,
기억 속 그 모습 그대로,
선잠 속에 잠깐이라도
나타나 달라고 빌어봅니다

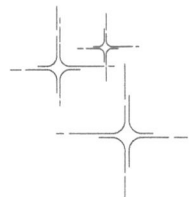

고드름

겨울 끝자락,
고드름은 매달린다.
차가운 하늘과 바람 사이,
녹아내리기 전의
마지막 순간을 붙잡고.

그리움은 얼어붙고,
증오는 서늘히 빛난다.
너는 부숴질까 두려워하던 내가
끝내 손을 뻗어
너를 산산이 부쉈음을 알리라.

사랑은 이렇게
차갑게 무너지고,
잊혀진 조각들은
땅 위에 흩어진다.

흔적은 여전히
어디선가 빛나고 있다.

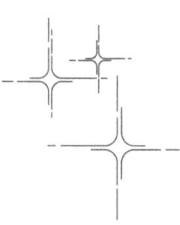

옥수수 한 알

옥수수 알 하나,
가느다란 손바닥 위에 눕는다.
작디작은 몸이지만
그 속엔 무한의 계절이 잠들어 있다.

땅에 닿아야 비로소 아는 것,
자신이 갈라지고 부서져
더 많은 생명을 품어낼 때,
존재란 쓸모를 넘어선다는 사실.

헌신이란 조용한 기적,
흙 속에 묻힌 채
빛을 향해 뻗어가는 일.
그 끝에 남는 행복은
결코 자신을 위한 것이 아니다.

옥수수 한 알,
네 작은 존재가
온 들판을 황금빛으로 물들이는 것을
누가 보지 않을 수 있으랴.

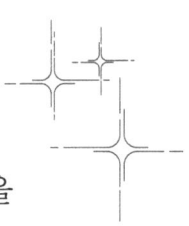

낡은 외투 속 호주머니

낡은 외투,
그 호주머니 속엔 늘 무언가 있었다.
마른 나뭇잎 한 조각,
쓸모를 다한 동전,
그리고 보이지 않는 작은 꿈.

빈곤은 손끝에 감각을 남기고,
부유함은 단지 먼 기억이 된다.
한때는 가득 찼던 호주머니가
바람에 휘청이며 비워질 때,
나는 스스로에게 묻는다.
무엇이 나를 이곳에 두었는가.

하지만 기억하리라.
한때 이 빈 공간조차
작은 희망으로 채웠던 나날을.
주머니 속 따스했던 손을 쥐며,
나는 단 한 가지를 배운다.

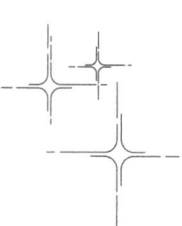

빈곤은 비어 있는 것이 아니다.
그 속엔 용기가 스며 있고,
회상의 무게는
언젠가 다시 채울 부유함을
예고한다.

이겨낼 수 있다.
호주머니 속 빈자리엔
내일의 꿈들이 기다리고 있으니.

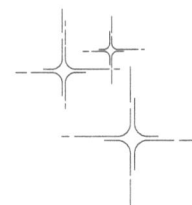

벗풀

작고도 단단한 푸른 빛,
벗풀 말없이 땅을 붙든다.
신뢰란 흔들리지 않는 뿌리,
희생이란 스러지는 꽃잎일지니.

견고한 침묵 속에서
그는 고개를 숙이며 속삭인다.
"무너져도, 나는 여기에 있다."

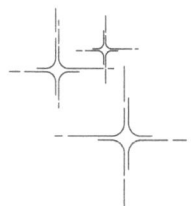

출근길

회색빛 아침,
발걸음은 무거우나 길은 열린다.
시간의 틈바구니 속에서
고단함이 짐처럼 어깨를 짓눌러도,
나는 다시금 외친다.
"할 수 있다."

시련은 바람처럼 불어오고,
고비는 돌처럼 길 위에 놓이지만,
내 안의 힘은 그 너머를 본다.
어제의 멍든 마음이
오늘의 단단함을 빚어냈음을 알기에.

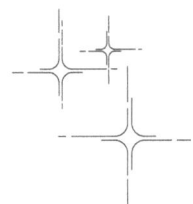

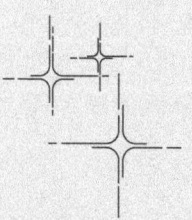

하루의 걱정은 속삭인다.
"너는 여기까지일 뿐."
그러나 내 눈앞에는
빛나는 무언가가 있다.
희미하지만 찬란한,
이 길 끝의 가능성.

나는 걷는다.
어둠 속에서 빛을 품으며,
넘어짐 속에서 일어서며,
결국 길 위의 나 자신을 빛내는 법을 배우며.

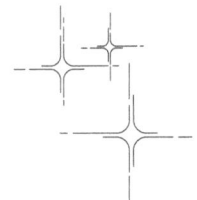

퇴근길

어둠이 길 위로 내려앉는다.
고단한 하루의 끝자락,
나는 한 걸음씩 저물어가는 빛을 따라 걷는다.
마치 오늘의 잔해를 발끝으로 밀어내듯,
시간은 뒤로 스러지고,
몸은 무겁지만 마음은 그리 가볍지 않다.

열정은 어쩌면,
새벽의 불꽃이었을지도 모른다.
그러나 지금은 재로 남은 그 흔적을,
나는 손끝으로 어루만진다.
하루의 무게는 빛이 아닌
수많은 그림자 속에서 빚어진다.

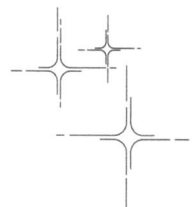

마무리는 단순한 끝이 아니다.
나는 스스로에게 묻는다.
"오늘의 나, 어땠는가?"
조용한 위로가 내 안에서 흐르고,
비틀린 순간들마저
나를 단단히 세운 돌이었음을 깨닫는다.

그리고 용기를 얻는다.
오늘의 흔적이,
비록 완벽하지 않더라도
내일의 시작이 될 수 있음을.
퇴근길의 끝에서,
나는 내일의 나를 기다리며 걸음을 멈춘다.

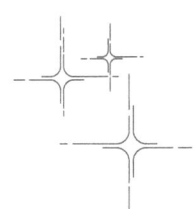

사공의 노

잔잔한 물결 위,
뱃사공의 손끝은 흔들리지 않는다.
갈피를 잡지 못하던 젊은 날의
파도가 지나간 자리,
그의 노는 이제 추억을 저어간다.

빛나는 미래를 바라보던 눈이
성공의 흔적을 담고,
시간의 강을 건너며
노인은 읊조린다.

"길을 잃어도 괜찮다.
물결은 너를 어디든 데려갈 테니,
노를 놓지 말아라."

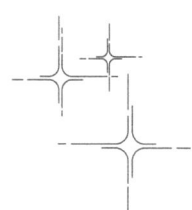

손조심

손끝이 닿는 날 선 가장자리,
섣불리 움켜쥔 판단은
피로 번져 후회를 남긴다.

그러나 상처는 스스로를 봉합하며
다시 쓸 수 있는 손을 만든다.
희망은 고통을 배워가는 법을 안다.

이겨냄은 다치지 않음이 아니라,
다친 후에도 잡을 수 있는
또 다른 날의 가장자리다.

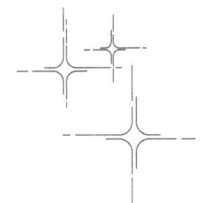

여우비 속 소녀

가녀린 소녀의 어깨 위로
여우비가 내린다.
우울감은 빗물처럼 스며들지만,
그 속엔 희망의 맑음이 숨쉰다.

단단함은 울음 뒤에 찾아와
스스로를 일으킨다.
극복이란, 넘어지는 것이 아니라
다시 걷는 일임을 아는 그녀.

여우비가 멈춘 뒤,
세상은 조금 더 빛나고 있다.

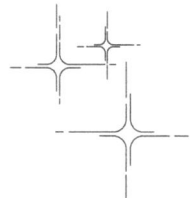

클렌징폼

고여 있던 시간의 잔해들,
지저분한 과거는 먼지처럼 떠다니며
내 안에 숨어 있던 그림자를 더럽혔다.

비뚤어진 기억의 이끼들,
억지로 덮어둔 슬픔의 굴곡,
그 모든 것들이 거울 속 얼굴 위로 드러나
침묵의 무게로 내려앉는다.

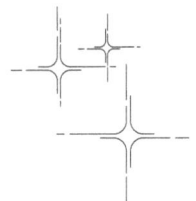

차가운 물줄기 아래,
거품은 부드러운 칼이 되어
얼룩진 나를 하나씩 벗겨낸다.
묵은 감정은 흐름을 따라 떠내려가고,
흐릿했던 나의 윤곽은
깨끗한 결의로 다시 서려온다.

이제, 새로운 시작은 투명하다.
거울에 비친 내 모습은
흔들림 없이 맑다.
오늘의 첫 빛은
깨끗하게 씻겨 내려간 나를 위해
새롭게 태어난다.

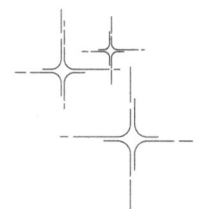

꽃신

따스한 바람이 맴도는 아침,
새로움은 꽃잎처럼 발끝에 피어나고
나의 다짐은 땅에 닿지 않는 길이 된다.

밝은 시간 속 첫 발자국,
꽃신이 속삭인다.
"뒤는 돌아보지마
너의 봄은 앞으로만 흐르니까"

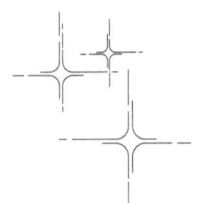

무엇이든 이겨낼 수 있는 나무

굳센 뿌리 아래
희망은 잎사귀마다 숨을 쉰다.
무엇이든 이겨낼 수 있다고,
나무는 황홀한 빛으로 말한다.

거친 바람 속에서도
흔들리지 않는 용기의 그림자,
너의 편이야,
그 한마디가 나를 일으킨다.

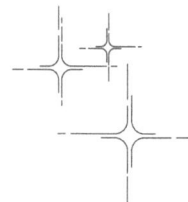

입춘

겨울의 숨은 길고,
땅은 묵묵히 기다렸다.
입춘의 바람이 불어오자
차디찬 흙 틈새로
봄은 조용히 몸을 틀었다.

새싹은 아직 연약하나,
그 안엔 모든 시작이 있다.
손닿지 않는 기다림은
언젠가 만날 얼굴을 그리며
햇살 속으로 뻗어나간다.

봄은 그렇게,
새로운 만남의 자리마다
첫걸음을 내딛는다.

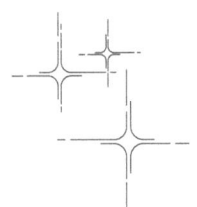

눈 위

발자국은 눈을 찢고
지나온 시간을 새긴다.

지워지지 않는 추위가
피부에 닿아
과거를 말하지만,

우리는 묵묵히 나아간다.
앞을 향해,
흰 시간과 공간 속에 흔적을 남긴다.

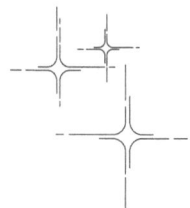

붕어빵의 온도

한겨울 골목,
서늘한 바람이 스친다.
쓸쓸함이 손끝에 내려앉는
작고 차가운 틈새들.

기다림은 뜨겁게 달궈진 철판 위,
어긋나지 않은 틀 속에서
차례를 견딘다.
붕어 모양의 틈새는
어느새 채워지고,
따듯한 김은 외로움을 어루만진다.

누군가는 도피처라 부를 것이다.
한 입 베어 물면 터지는 달콤함처럼
잠시 잊혀지는
긴 밤의 서늘함.

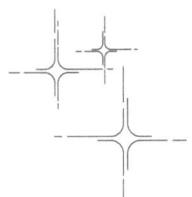

그러나 달아오른 손끝에도
어딘가 남아있는 공허.
빈속을 채운다 해도
가슴 속 구멍은 남아있다.

붕어빵의 온도는
그리움의 크기와 같아서,
녹아내리는 순간조차
기다림은 끝나지 않는다.

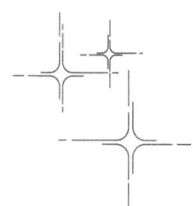

수선화 1월

고요한 들판 한켠에 피어난
눈부신 수선화,
고결함을 품은 꽃잎 속에
외로움이 깃들어 있네.

찬 바람 속에서도
흔들리지 않는 우아함,
빛을 향해 고개를 든 모습은
마치 홀로 선 자의 자존 같아라.

누군가는 외로움이라 부르고,
누군가는 고결함이라 부르는
그 모순된 아름다움 속에서
수선화는 조용히 피고 지네.

나도 언젠가 수선화처럼
외로움을 품은 채 빛을 향하며,
고결한 흔적으로
이 세상에 머물다 떠날 수 있을까.

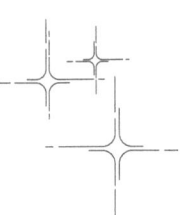

제비꽃 2월

봄바람 살랑이는 길가에
소리 없이 피어난 제비꽃,
작고 소박한 모습으로
세상을 물들이네.

겸손이라 이름 붙여진 꽃잎은
눈부시진 않아도 따스하고,
양보라 부르는 그 향기는
조용히 마음을 적시네.

높은 곳을 바라지 않고
땅 가까이에 자리한 꽃,
그 낮음 속에서 피어난
진정한 고귀함.

나는 오늘도 배웁니다,
제비꽃의 언어를.
겸손과 양보로 피어나는
작고 아름다운 삶의 의미를.

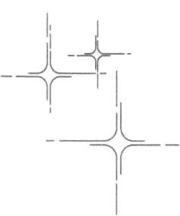

벚꽃 3월

살랑이는 봄바람 타고
분홍빛으로 물든 벚꽃,
그 가지마다 솔직한 이야기를
꽃잎으로 속삭이네.

숨어 있지 않은 마음,
가장 아름다운 순간에
세상에 내어주는 따뜻함은
그저 바라보는 이에게도 전해진다.

흩날리는 꽃잎 속에서
숨김없이 드러나는 진실,
벚꽃은 말하네,
솔직함이야말로 가장 찬란한 빛이라고.

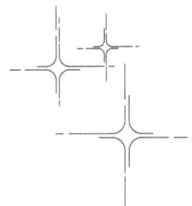

금세 져버리는 운명을 알면서도
피어나는 용기,
그 따스한 진심으로
우리의 마음을 물들이네.

분홍색 꼬까옷을 입은 벚꽃이여
너의 짧은 생애 속에서
나는 배운다,
거짓과 대비되는 마음을 남기는
영원한 온기를.

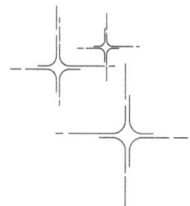

무화과 4월

꽃잎 대신 속 깊은 곳에
모든 것을 품어내는 무화과,
보이지 않는 자리에서
조용히 사랑을 전하는 너는
어머니의 마음과 닮았구나.

그늘 아래 익어가는 열매,
한결같이 지켜주는 따스함,
희생이란 말을 모른 채
그저 주고만 싶은 마음.

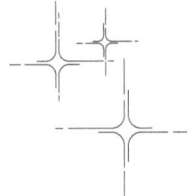

손끝으로 전해지는 온기처럼,
무화과는 말없이도
우리에게 위로를 건넨다.
숨겨진 꽃잎 속에 담긴
그 깊은 사랑처럼.

어머니여,
당신의 따스한 품 안에서
나는 무화과의 달콤함을 맛봅니다.
보이지 않아도 느껴지는
그 사랑을 평생 기억하며.

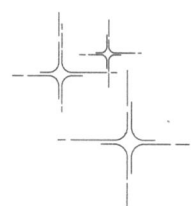

민들레 5월

바람 따라 어디든 피어나는
노란 민들레,
작고 여린 꽃잎 속에
행복이 살고 있네.

흙 한 줌이면 충분한 뿌리,
햇살 한 줌이면 활짝 웃는 얼굴.
작은 것에도 감사하며
그 자리에 머물러 꽃을 피운다.

민들레여,
너는 말하네.
행복이란 먼 곳이 아니라
바로 지금, 여기라며.

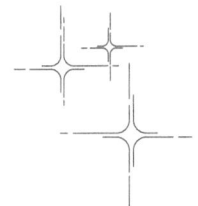

너의 소박한 미소를 보며
나도 배우네.
감사하는 마음 속에서
진짜 행복이 피어난다는 것을.

오늘도 길 위의 민들레가
세상에 감사의 노래를 부른다.
그 소리에 귀 기울이며
나도 행복을 꿈꾼다.

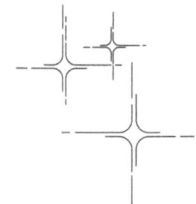

REVERSE
잠깐 쉬어가세요.

저는 시를 쓸 때, 독자가 쉽게 이해할 수 있도록
표현하는 것을 가장 중요하게 생각합니다. 문학이나 글쓰기를 전공하지 않아서인지,
아직도 시집을 읽을 때 어렵게 느껴질 때가 많거든요. 그래서 제가 쓰는 시는.
독자가 읽자마자 눈을 감았을 때
자연스럽게 머릿속에 한 편의 풍경이 떠오를 수 있어야 합니다.
그것이 제가 시를 쓸 때 가장 중점으로 두는 부분입니다.
내가 어떤 마음으로 이 시를썼는지
그리고 당신이 내마음을 이해하는지
그리고 당신도 나와 같은지 궁금하네요.

목차

SIDE B | 꽃잎에 새긴 기억

찰나	어른이었던 적
선	없다
문진 속 꽃	파편
침묵의 지나가리	맨홀
굴렁쇠	먼지
주름진 벽지	석쇠
심마니	재
봉제인형	곰팡이 핀 귤
화롯불	청춘
나비	신사와 어린아이
가습기	말
술잔	매듭의 침묵
향수	유리 장미
유리 바둑알	해바라기 (7월)
툭 뱉은 말	양귀비 (8월)
잉크	호랑이꽃 (9월)
새벽	금잔화 (10월)
포장	흰 동백 (11월)

찰나

찰나의 순간,
너는 조용히 다가와
빛처럼 스며들었다.

말없이 건네는 친절의 온기,
그 짧은 울림에
긴 어둠이 사라졌다

어느순간 다가온너에게
갈고리 하나를 나에게 줄때
그 속깊은 뜻을 나는 이해하려한다

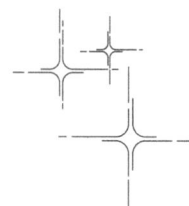

선

당신께 바친 사랑은 곡선이었다.
입맞춤은 시작에 불과했고,
헌신과 복종의 경계에서
나는 당신의 유혹에 서성였다.

매혹은 절제를 배우게 하고,
매료된 손끝은 닿지 않을 거리에서
당신의 그림자를 그렸다.
곡선은 끝내 직선이 되지 않았다.

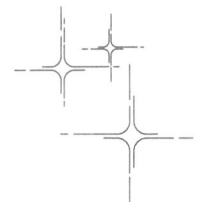

문진 속 꽃

문진의 꽃은 말이 없다.
차분한 무게 속에,
그가 주는 사랑에
편안함을 눕혀두고
내 어지러운 마음을 눌러준다.

그 속에 투영된 나날들,
- 투영하다 : (어떤일을 다른일에 비추다)
되새기며 쉬어간다.
사랑은 때때로
묵직한 선물처럼
가만히 머무는 법을 안다.

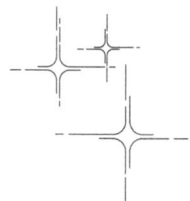

구름

우리가 서 있는 지금,
고개를 높이 들어
어느 한곳을 바라보면
구름이 흘러가는 모습을 볼수있다.

구름이 어디로 가는지 알 수는 없지만
너와 나, 두 손 맞잡은
이 순간만큼은
굳이 보지 않아도 알 것 같다.

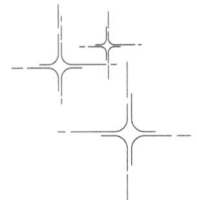

침묵의 지나가리

지나가리,
시간은 머뭇거리며 흐르는 듯
하지만 결국은 지나가리.
고된 하루의 무게는 어깨를 짓누르고
숨조차 억울한 밤이 밀려오리.

지침이란 말조차 사치가 된 순간,
우울함은 차가운 손길로 목덜미를 스치고
생각은 가느다란 밧줄처럼
한 끝의 끊어짐을 욕망하리.

그러나 지나가리,
저 까마득한 절벽 아래 바람처럼
한 걸음 더 가는 발끝에
다른 내일이 기다리리.

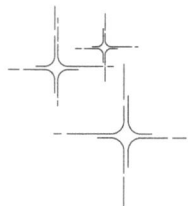

자살이라는 마지막 외침도
삶의 울음에 섞여,
결국엔 침묵하리.
절망의 골짜기 끝에서
빛은 숨죽이며 기다리고 있으리.

극복이란 거대한 벽을 넘어서는 것만이 아니니,
그저 오늘의 밤을 견디는 것이
때로는 가장 위대한 용기이리라.

지나가리,
시간은 아프게, 더디게 흘러도
결국은 지나가리.

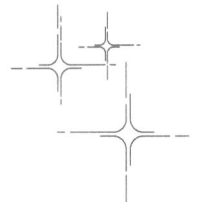

굴렁쇠

거울 앞에서 고민이 속삭인다.
"너는 어디로 굴러갈 것인가."
답답한 마음은 굴렁쇠처럼
운동장을 돌고 또 돈다.

미래란 끝이 없는 원의 궤적,
멈출 수도, 되돌릴 수도 없는 흐름.
그러나 어느 순간,
나는 깨닫는다.

굴렁쇠의 방향은
나의 손끝에서 정해진다는 것을.

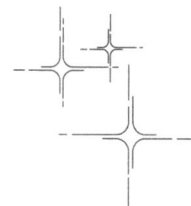

주름진 벽지

노파는 벽을 바라본다.
주름진 벽지의 선마다
세월이 손톱자국처럼 스며 있다.
색이 바래고,
빛은 낡은 무늬를 비추지만,
그 안엔 여전히 무언가 빛난다.

노련한 손끝으로
그 주름을 더듬으며,
노파는 자신을 본다.
시간 속에서 잃은 것이 아니라,
쌓인 것들로 이뤄진 존재감을.

벽은 오래도록 그 자리에 서 있다.
낡았지만 쓰러지지 않은
단단한 노파처럼.

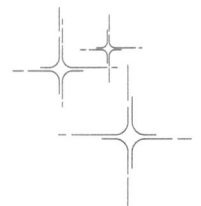

심마니

머나먼 산길, 고된 발자국 속에
나는 묻는다, 무엇을 찾으려 이 길을 걷는가.

뿌리 깊은 나무 아래,
차가운 흙의 숨결이 부드럽게 속삭인다.
"너의 삶은 목표가 아닌 삶 그자체이다"

손바닥에 닿은 성취의 따스함,
그 순간 나는 안다.
산은 나였고, 길은 나였으며,
찾고 있던 삶은 이미 내 안에 있었다.

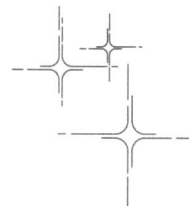

봉제 인형

낡은 봉제인형,
우울감의 틈새를 메우며
애틋한 손길에 소중함을 배운다.

너는 말이 없지만,
침묵이 친구가 되어
내 두려움을 껴안는다.

바늘 끝에 새겨진 기억들,
실밥이 풀려도
우린 여전히 함께다.

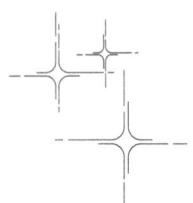

화롯불

작은 방 한켠,
낡은 화롯불 위로 말린 고구마의 향이 피어오른다.
불꽃은 몸을 낮추고,
재 속에서 익어가는 온기가
작은 대화를 엿듣는다.

"이건 너무 바싹 구웠나?"
주름진 손이 고구마를 뒤집으며 묻는다.
"아니야, 그게 더 맛있어."
또 다른 손이 그 손끝을 스친다.
말은 적어도,
그 순간 모든 것이 이해된다.

시간은 어쩌면 이렇게 구워지는 것일까.
조용히, 그러나 분명히,
불꽃 속에서 축적된 따뜻함으로
오랜 날들을 녹여내는 것처럼.

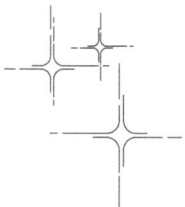

그들은 함께 구워낸 시간을 나누며
뜨거운 껍질 속에 숨겨진
달콤함을 천천히 음미한다.
외투 같은 정적 속에서,
화롯불은 오래된 사랑을 비추고,
노부부는 그 안에서 서로를 바라본다.

불빛 아래,
말린 고구마가 익어가듯
그들의 삶도 부드럽게 타오른다.
그리고 따스함은
말 없이도 모든 것을 채운다.

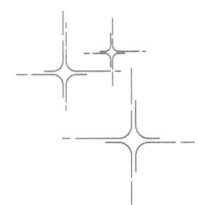

나비

형형색색의 날갯짓이
몽환처럼 하늘을 그린다.
나비는 가볍게 떠오르지만,
그 높이엔 소망의 무게가 얹혀 있다.

미래는 아직 잡히지 않는 바람,
희망은 흔들리는 빛의 파편.
그러나 나비는 멈추지 않는다.
그 날갯짓마다
소원이 스며 있으므로.

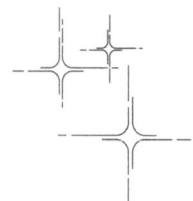

가습기

방 한구석,
가습기는 제자리에서 숨을 고른다.
눈에 보이지 않는 안개의 언어로
내게 다가와 속삭인다.

"오늘하루 수고했어."
차분한 물방울의 리듬이 귓가를 적신다.
피로는 손끝에서 무너지고,
팽팽했던 어깨 위 시간은
마침내 풀려내린다.

나는 그 흐름 속에 잠기며
문득 깨닫는다.
행복은 거대한 것이 아니다.
맑은 안개의 자락,
한 줌의 안정감 속에서
우리가 꿈꿨던 평화가 있다.

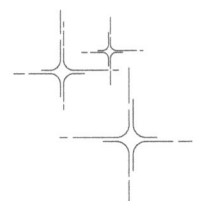

하지만, 가끔은 의문이 든다.
피로가 쌓인 내 숨결과
행복의 이름을 건 이 안개는
서로를 다 알 수 있을까?

결국 나는 숨을 섞으며 안다.
너는 묵묵히, 단순히
이 작은 세계를 적셔주는 것만으로도
충분히 완전하다는 것을.

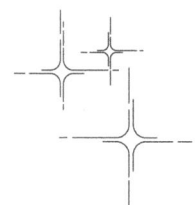

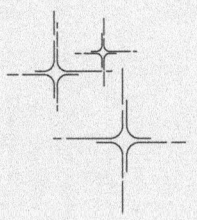

술잔

빈 술잔에 초라함이 고여,
달빛은 그 위로 나눔을 비춘다.

한 모금 따뜻함을 건네며,
근심과 걱정은 조용히 물러선다.

베푸는 삶은 잔을 비우는 일,
넘침은 없으나 가득 찬 울림.

서로의 손끝에서 흐르는 온기,
그곳엔 무언가 잊힌 듯
평온이 깃들어 있다.

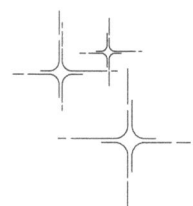

향수

뿌려진 향수는 첫인상의 굴레,
매혹은 그리움의 짙은 잔향으로 번진다.

스치듯 남긴 흔적,
그 강렬함은 결코 휘발되지 않고
자꾸만 생각의 모서리에 걸린다.

그리움은 시간을 거슬러
끝내 닿지 못한 자리를 맴돌며,
향처럼 보이지 않는 굴레가 되어
지나간 손끝을 붙든다.

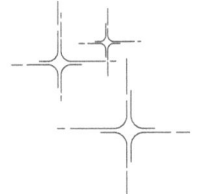

유리 바둑알

투명한 유리 바둑알 위로
비추어진 나의 모습,
일상의 경계에서 흔들린다.

이중으로 쌓인 나의 투영,
겉은 빛나도 속은 어둡다.
뒤바뀐 삶의 홈집들이
알 수 없는 무늬를 새긴다.

누구의 손이 나를 둔 걸까,
빛을 닮으려 할수록
어둠이 더 깊이 스며든다.

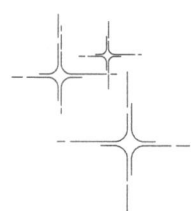

툭 뱉은 말

툭 뱉은 말들로 깊은 상처를 내어,
벌어진 틈을 두 손 모아 꾹 붙잡는다.
내 상처를 그는 알까, 문득 의문이 들 때면
또 다른 말들이 엉뚱한 곳을 향해 날아간다.

"이 또한 지나가리."
그곳에 머문 그대에게.

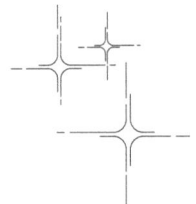

잉크

한 방울,
종이 위에 떨어진 잉크는
고요를 깨며 번져간다.
흰 여백 속,
어딘가 닿고 싶은 마음처럼
서서히 스며드는 검은 선들.

멈추지 못하는 움직임은
주저함과 용기의 경계에 서 있다.
흩어지는 듯, 그러나 깊어지는 듯,
잉크는 점점 더 가까이 다가간다.

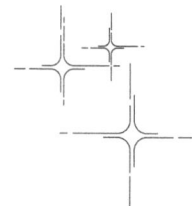

무엇이 이를 막을 수 있을까.
퍼지다 보면 결국
형태를 잃을지라도,
그 속에는 모든 것이 담긴다.
침묵의 말들, 보이지 않는 손짓,
그리고 닿고자 했던 그 마음까지.

나는 너와 닮고싶다.
흩어지며 완성되는,
스며들며 용기를 배우는,
끝내 누군가의 눈길에 닿고자
흰 세상에 흔적을 남기는.

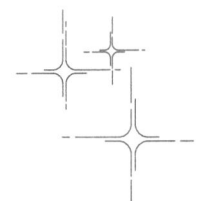

새벽

남색의 하늘은
새벽을 삼키며 조용히 떠오른다.
빛이 아닌 어둠의 경계에서,
나는 가벼운 공기에 몸을 맡긴다.
하지만 가벼움은 곧
공허함의 다른 이름일 뿐.

새벽은 내게 속삭인다.
"여기에는 아무도 없다."
그 말이 퍼지며
하늘의 색은 더 깊어진다.
외로움이란 어쩌면,
스스로를 담아낼 그릇이
비어 있음을 아는 일.

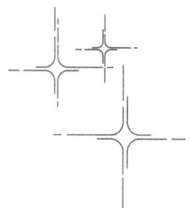

슬픔이 밀려오면
나는 숨을 고르고
차가운 새벽 공기를 들이마신다.
그 무게 없는 공기 속에
어쩌면 나를 닮은 무언가가
함께 흩어지고 있을지 모른다.

우울함도, 외로움도,
새벽의 끝에는 남지 않는다.
남색 하늘은 밝아지지 못한 채
희미하게 사라지고,
나는 또 다른 하루로
조용히 넘어간다.

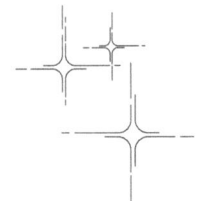

포장

달콤한 말들이
반짝이는 포장지처럼
눈앞을 채운다.
갈망은 그 속에서 몸을 뒤척이며
성공과 권력을 꿈꾼다.

거짓은 위선의 손끝에서
정교한 매듭을 짓고,
허영심은 돈의 잔향 속에서
빛나는 듯 어른거린다.

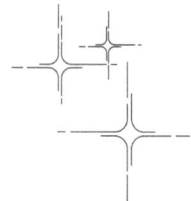

 포장은 벗겨진다.
종이는 찢기고,
그 안엔 공허한 몰락만이
숨을 죽이고 기다린다.

달콤했던 말은 쓴맛으로 변하고,
진실은 권력의 발밑에서
아무도 듣지 못할 울림으로 남는다.

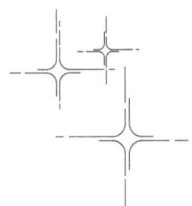

어른이었던 적 없다

단 한 번도 어른이었던 적 없다.
주민등록증을 받아도,
대학 문을 넘어서도,
누군가와 미래를 그려도,
나를 닮은 아이를 품어도.

어릴 적 우러러보던 어른들처럼
단단하지도, 우람하지도 못했다.
늘 작고 흔들리는 사람일 뿐.

그러다 문득 돌아보니,
남은 건 늙고 초라한 나.
어른이 되기를 꿈꿨지만
어른은 끝내 나에게 오지 않았다.

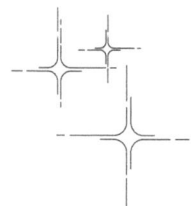

파편

무너진 시간의 잔해 속에서
파편들은 흩어진 약속을 비추고,
상실감은 그 틈새마다 서늘히 고인다.

외로움은 무게 없는 그림자,
절망의 가장자리에서 우울함을 삼키며
죽음 같은 침묵을 낳는다.

배신의 흔적은 잔잔한 피로 새겨지고,
이별은 끝이 없는 낙하.
땅에 닿지 않는 메아리가 되어
스스로를 삼킨다.

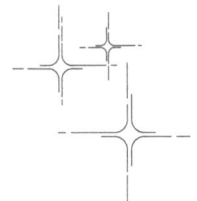

맨홀

둥그런 침묵 위에
하루하루 발자국이 새겨질 때마다
언제나 다른 색으로 반짝이는 너
낯익은 이별을 삼키며
흘러가듯 머문다

매일 밟고 지나치는 감정의 동그라미
각 위치마다 독특한 흔적을 숨기고 있으나
우린 그 익숙함에 눈을 감는다

마지막 발걸음을 떼어놓는 순간조차
너는 조용히 떠나는 마음을 머금고
보이지 않는 길 아래로
슬픔을 흘려보낸다

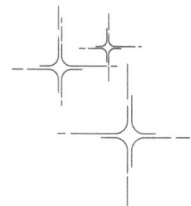

먼지

조용한 구석에 가라앉은 먼지,
오래된 기억을 끌어안고
고독함을 부풀린 채
내 숨결에 흔들린다.

한 줌씩 털어내는 청소에
이별은 낯익은 향기로 피어나고,
폭신한 새벽이 문틈으로 스며들어
새로운 시작을 재촉한다.

마지막 입김으로 불어낸 옛 추억이
가볍고 개운한 마음을 남겨
편안한 숨결로
다시 걸음을 뗀다.

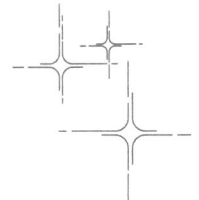

석쇠

가느다란 철선 위로
불빛이 흔들린다.
따듯함이 깃들고,
푸근한 숨결이 번지는 저곳.

아침의 빗소리 같은
깨어 있는 고요 속에,
나는 무엇을 굽고 있는가.

감정은 뜨겁게 피어오르는
연기 속에서 타고,
편안함은 은근한 온도로
스며들어 마음을 덮는다.

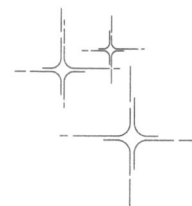

구운 온기의 향기에
마음은 녹아내린다.
찬 서리를 품었던 내 안의
모난 모서리들이 부드러워지고,

불길이 자라난 자리에
감정의 꽃이 핀다.
탄 흔적조차 고운 무늬가 되어
편안함의 시가 흐른다.

깨어있는 이 순간,
불빛이 석쇠를 쓰다듬으며
마음마저 따듯함으로 덮는다.
나는 그곳에서
푸근함을 굽고 있다.

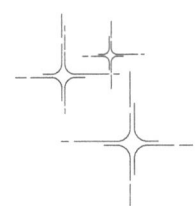

재

타오르던 흔적은 결국 재가 되고,
외로움은 뜨거운 잔향 속에서 자란다.

한순간의 이별은
허무함의 깊이를 다지며,
마지막 불씨를 삼킨다.

그렇게,
마무리는 모든 것을 덮지만
결코 사라지지 않는다.

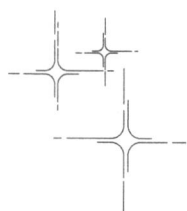

곰팡이 핀 귤

테이블 끝자락,
잊힌 귤 한 알이 고요히 앉아 있다.
시간이 그 표면에 흔적을 남기고,
작은 곰팡이가 자리를 차지한다.
푸르게, 또 희미하게 퍼져가는
적막한 숨결.

누군가의 손길을 기다렸을까.
한때는 달고 싱그러웠을 그 껍질 아래,
지금은 무거운 적적함만 스며 있다.
말 없는 공간 속에서,

귤은 오래된 사랑처럼 스러져 간다.

그러나, 문득 다가온 손.
주저함 없이 그것을 들어 올리고,
곰팡이를 살며시 닦아내며
아무렇지도 않게 속살을 꺼내 본다.
"괜찮아. 안까지는 멀쩡하네."

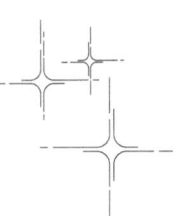

그 순간, 나는 깨닫는다.
시간이 빚어낸 상처 속에도
여전히 남아 있는 무언가를,
누군가의 손길이 그것을
다시 살릴 수 있음을.

곰팡이 핀 귤 한 알처럼,
우리도 적적함 속에서 기다린다.
누군가가 다가와,
닳아버린 껍질을 지나
우리의 남은 빛을 알아볼 때까지.

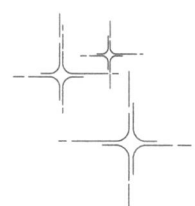

청춘

청춘을 태워
날아가는 연기 속에
쓸모있는 시간들은 사라져간다.
어른이라는 그 그림자속에서
우리의 이름을 찾는다.

젊음의 색은 이제
더는 태울 수 없을 만큼.
흐릿해져가고
남은 것은
가실 수 없는 길을 따라
가득 남은 무게

하지만 그 쓸모 없다고 여긴 시간들이
마침내 어른의 어깨를 짓누른다
그 짐이 가볍지 않듯
날아간 연기처럼
흩어져도
애써 지우려 하지 않는다.

신사와 어린아이

높은 모자 아래 서 있는 신사,
그의 그림자는 거대하게 드리워지고,
어린아이는 그 아래서
동경의 눈빛으로 올려다본다.

위상은 빛나지만,
그 빛 뒤에는
수많은 실패와 조용한 열망이
쌓여 있음을 아이는 모른다.

신사의 목소리는
존경을 넘어 용기가 되어
아이의 마음에 동반자가 된다.

그날 이후,
작은 발걸음은 신사의 뒤를 좇는다.
성공이란 거대한 이름 아래
같은 길을 걷는 두 존재.

말

말은 가벼워, 그러나 무겁다.
진실의 속삭임이
거짓의 깃털에 묻혀
의혹으로 부풀어 오를 때,

전달된 소리는 칼날이 되어
무서움과 위협을 심는다.

입술 끝에서 흩어진 그림자,
그 끝에 서 있는 우리는,
무엇을 믿고, 무엇을 떨쳐낼까.

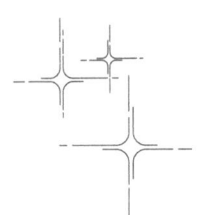

매듭의 침묵

단단히 묶인 선은
침묵 속에 비명을 숨기고,
허락된 경계는
아슬하게 떨리는 자유를 조율한다.

촉각의 언어는 칼날처럼 날카롭고
한숨과 명령 사이,
주권은 스스로를 버린다.

쾌락과 통증의 얇은 막 너머,
그곳엔 누구의 것인지 모를
진실이 고여 있다.

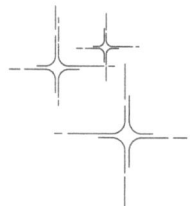

유리 장미

아슬아슬한 곡선 위에 놓인,
야릇한 빛의 속삭임.
황홀함은 주인을 부르며
깨질 듯한 숨결로 종속된다.

투명한 가시마다 새겨진
침묵의 약속,
손끝에 닿는 순간,
나는 이미 그 꽃의 일부였다.

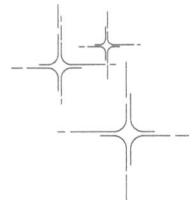

해바라기 7월

밤의 어둠이 물러가고
희망이 피어나는 시간,
새벽빛 머금은 아침은
해바라기처럼 고개를 듭니다.

그리움은 햇살에 녹아내리고,
차가운 바람 끝에 남은 기억들조차
따스한 온기로 감싸주며
새로운 하루를 약속합니다.

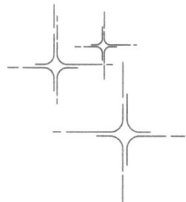

해바라기처럼 나도
빛을 향해 고개를 들고,
희망을 따라 걸어갑니다.
너를 향한 그리움마저
아침의 노란 꽃잎 속에 숨깁니다.

언젠가 너를 다시 만날 날,
이 해바라기 아침처럼 밝고 따스한 날,
그날을 떠올리며
오늘도 나는 빛을 향해 나아갑니다.

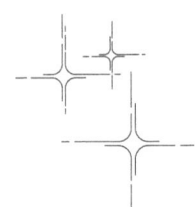

양귀비 8월

바람에 흔들리는 붉은 양귀비,
아름다움 속에 숨겨진
망각의 속삭임.
그 빛나는 자태는
허영의 거울 같아라.

너를 마주하면
모든 것을 잊고 싶어지고,
너를 가까이하면
스스로를 잃을까 두려워진다.

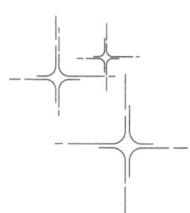

붉은 꽃잎은 바람 한 번에
무너져내리고,
그 속에 감춰진 연약함은
진실을 드러내는 법.

8월의 꽃이여.
너의 아름다움은 경고다.
무너짐 속에서 배우는 것,
잊어야만 기억되는 것들,
그리고 허영 뒤에 남겨진
공허함의 무게를.

오늘도 나는
너를 바라보며 묻는다,
잊는 것이 구원인가,
아니면 또 다른 시작인가.

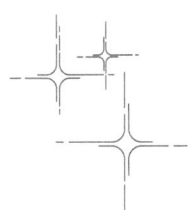

호랑이꽃 9월

불꽃처럼 피어난 호랑이꽃
그 선명한 무늬마다
간절함의 흔적이 새겨져 있다.
바람결에 몸을 맡기며
애틋한 그리움을 전하는 너.

멀리 떠난 이를 향한
말 없는 속삭임,
강렬한 빛 속엔
헤아릴 수 없는 기다림이 스며 있다.

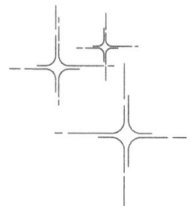

한여름 태양 아래서도
고개 숙이지 않는 꽃,
너의 그리움은
시간을 초월한 약속 같다.

뜨거운 꽃이여,
너를 보며 깨닫는다.
그리움은 아프지만,
그 안에서 피어나는 간절함이
우리의 삶을 빛나게 한다는 것을.

오늘도 너처럼
뜨겁게 사랑하며 기다리리라.
언젠가 다시 만날 날을 꿈꾸며.

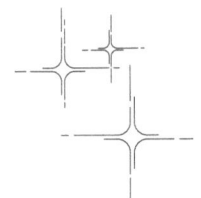

금잔화 10월

저문 빛의 끝자락,
금빛 잔을 든 꽃이여,
그대는 태양의 환희 속에 피어나
어느새 이별의 슬픔을 품었구나.

햇살은 스러지고, 바람은 멀어지며,
네 꽃잎 끝에 얹힌 눈물은
결코 흐르지 못할 운명의 궤도.
너는 알고 있었을까?
가장 찬란한 순간에
슬픔이 시작된다는 것을.

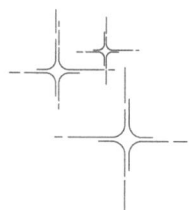

서늘한 밤이 찾아오면
네 잎새는 고요히 닫히고,
한때의 빛을 노래하던 몸은
침묵 속에 가라앉으리라.

우리의 인연도 그러하리라.
뜨겁게 번지는 불꽃 아래
숨길 수 없는 이별의 예감을 안고,
금잔화처럼 짧고도 눈부신 찰나 속에
끝내는 서로를 놓아야만 하리.

그러나 기억하리라,
네가 떠난 자리엔 언제나
그대의 빛이 남아
아름답게 꺼지지 않는 것을.

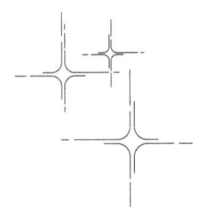

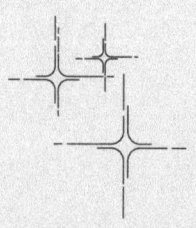

흰 동백 11월

고요한 새벽,
흰 동백 한 송이가 은밀히 피어나네.
순백의 겉모습 아래 감추어진,
뜨거운 숨결 같은 사랑이여.

네 잎을 스치면
마치 비밀을 열어보는 듯,
살결 같은 부드러움이 손끝에 남고
그 속엔 말 못 할 갈망이 숨 쉬고 있네.

바람도, 달빛도 모르는 순간,
너는 나를 유혹하듯 흔들리고,
나는 네 은밀한 향기에 취해
더 깊이 너를 들여다보고 싶다.

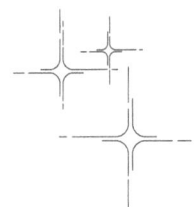

하지만 꽃잎 끝엔
흐드러질 듯 멈추는 선이 있고,
그 경계를 넘는 것은
오직 침묵 속의 용기일지니.

비밀스러운 너의 사랑,
그 속에 숨어 있는 욕망은
결코 빛 아래 드러나지 않으리.
그러나 우리는 알고 있다,
그 속삭임이 얼마나 찬란한지.

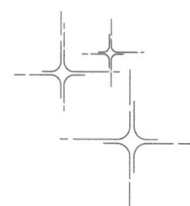

라벤더 12월

자욱한 보랏빛 안개 속,
라벤더의 속삭임이 들려온다.
침묵은 곧 언어가 되어
나를 깊은 꿈의 품으로 인도한다.

네 몸은 바람에 흩어지는 향기,
시간도 기억도 초월한 채
너는 나를 어루만진다.
고요 속에서 느껴지는
작고도 완벽한 떨림.

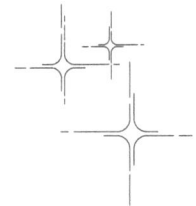

이 순간엔 아무 말도 필요 없다.
네 색은 밤하늘과 맞닿아
별빛처럼 은은히 퍼지고,
나는 네 향기에 녹아들며
모든 무게를 내려놓는다.

보라빛 밤속에서
네가 부르는 이 몽환의 노래는
내 안의 혼돈을 가만히 잠재우고,
끝없는 휴식의 세계로 날 데려간다.
그곳에서 나는
언제나 너와 함께다.

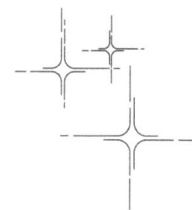